25 profeter i islam

Fed skrift angiver ærkeengle

Adam

Allah skabte det allerførste menneske, Adam, af formbart ler skabt af sort mudder. Adam var ikke en almindelig skabelse. Allah gav ham en særlig ære og gjorde ham til den første profet. Allah lærte Adam navnene på alt omkring ham – træer, dyr, stjerner og meget mere. Denne gave af viden gjorde Adam unik og viste, at mennesker har den særlige evne til at lære og forstå.

For at ære Adams skabelse befalede Allah englene at bøje sig for ham som et tegn på respekt. Alle adlød, undtagen Iblis, som nægtede på grund af jalousi og stolthed.

Adam boede i en smuk have sammen med sin kone, Hawwa. De levede lykkeligt der, men Allah gav dem én vigtig regel: de måtte ikke spise af et bestemt træ. Iblis, som stadig var fyldt med vrede og jalousi, narrede dem til at bryde denne regel. Da Adam og Hawwa indså deres fejl, blev de meget kede af det og bad Allah om tilgivelse. Allah, som er venlig og barmhjertig, tilgav dem.

Som en del af deres nye rejse sendte Allah dem til Jorden, hvor de skulle begynde menneskehedens historie og opbygge den menneskelige familie.

Adams historie lærer os vigtige lektier. Den minder os om, at alle begår fejl, men at det vigtigste er at erkende dem og forsøge at gøre det bedre. Den viser også, hvor særlige mennesker er, med evnen til at lære, elske og tage ansvar for verden. Adam var begyndelsen på vores fælles menneskelige familie og en påmindelse om, at Allahs barmhjertighed altid er nær.

Idris

Efter Adam udvalgte Allah en anden særlig profet, Idris, til at vejlede folket. Idris var en vis og venlig mand, kendt for sin store kærlighed til viden og læring. Allah velsignede Idris med omfattende kundskaber og særlige færdigheder. Han lærte folket at skrive, måle og endda sy tøj. Før Idris vidste mennesker ikke, hvordan man syede stof sammen, men han viste dem, hvordan man brugte nål og tråd.

Idris opfordrede folket til at være ærlige, arbejde flittigt og huske Allah i alt, hvad de gjorde. Han mindede dem om, at viden og gode handlinger går hånd i hånd, og at et retfærdigt liv bringer velsignelser.

Idris elskede at tilbringe tid i tilbedelse og bøn. Han var så nær Allah, at han ofte trak sig tilbage til bjergtoppe eller sad under stjernerne og talte til Allah med et hjerte fyldt af hengivenhed. Folket beundrede hans visdom og fulgte hans lære, hvor de lærte at leve fredeligt og hjælpe hinanden. Idris mindede dem om, at gode gerninger og trofasthed over for Allahs vej fører til lykke i både dette liv og det næste.

På grund af hans rene hjerte og urokkelige tro ærede Allah Idris på en helt særlig måde. Koranen fortæller os, at Allah løftede Idris op til en høj position, hvilket viser, hvor elsket han var. Hans historie lærer os, at søgen efter viden, flittigt arbejde og nærhed til Allah er veje til et liv fyldt med mening og velsignelser.

3

Nuh

Længe efter Idris levede der en profet ved navn Nuh. Allah udvalgte Nuh til at vejlede sit folk, fordi de havde glemt, hvordan man tilbeder Allah, og var begyndt at gøre mange forkerte ting. Nuh elskede sit folk og ønskede oprigtigt at hjælpe dem. Han lærte dem om Allah, mindede dem om at være venlige mod hinanden og opfordrede dem til at holde op med at tilbede afguder. Han talte til dem med mildhed og stor tålmodighed i håb om, at de ville ændre deres måde at leve på.

Men mange mennesker nægtede at lytte. De gjorde nar af Nuh og ignorerede hans budskab. År efter år fortsatte Nuh med at vejlede dem og gav aldrig op, fordi han holdt så meget af sit folk. Til sidst fortalte Allah Nuh, at tiden var kommet til at forberede sig på en stor oversvømmelse, som skulle rense jorden for uretfærdighed. Allah befalede Nuh at bygge en kæmpe ark, og Nuh begyndte arbejdet ved at følge Allahs vejledning. Folk lo endnu mere af ham, men Nuh stolede fuldstændigt på Allah.

Da regnen begyndte at falde, og vandet steg, samlede Nuh sin familie, de troende og par af dyr i arken. Oversvømmelsen dækkede hele jorden, men alle i arken var i sikkerhed, fordi de havde lyttet til Allah. Da vandet trak sig tilbage, gik Nuh og hans tilhængere ud på tørt land, fyldt med taknemmelighed over for Allah for at have reddet dem. Nuhs historie lærer os vigtigheden af tålmodighed, tillid til Allah og at stå fast ved det rigtige, selv når det er svært.

5

Hud

For længe siden levede der et magtfuldt og velhavende folk kendt som ʿĀd-folket. De boede i et land med høje bygninger og stærke fæstninger, omgivet af frodige haver og marker. Men i stedet for at takke Allah for deres mange velsignelser blev ʿĀd-folket stolte og hovmodige. De begyndte at tilbede afguder og behandle andre uretfærdigt. I sin barmhjertighed sendte Allah profeten Hūd for at vejlede dem tilbage til den rette vej.

Hūd var en vis og modig mand, som holdt meget af sit folk. Han sagde til dem: "Mit folk, tilbed kun Allah. Det er Ham, der har givet jer alle disse velsignelser. Hold op med at tilbede afguder, og vend jer til Allah med taknemmelighed." Men de fleste af dem lyttede ikke. De gjorde nar af Hūd og sagde: "Hvem er du, siden du fortæller os, hvad vi skal gøre? Vi er stærke og har ikke brug for nogen." På trods af deres stolthed forblev Hūd tålmodig og fortsatte med at advare dem om Allahs straf, hvis de ikke ændrede deres adfærd.

Desværre nægtede ʿĀd-folket at lytte. Som Hūd havde advaret, sendte Allah en voldsom storm, der blæste i mange dage og ødelagde alt på sin vej. Kun Hūd og de troende, som fulgte ham, blev reddet. Hūds historie lærer os, at sand styrke ikke kommer fra rigdom eller magt, men fra ydmyghed over for Allah og fra at være venlig og taknemmelig i alt, hvad vi gør.

7

Saleh

Efter ʿĀd-folket kom der en anden gruppe mennesker kaldet Thamūd. De var dygtige bygherrer og boede i imponerende hjem, der var hugget direkte ind i bjergene. Allah havde velsignet dem med rigdom og styrke, men i stedet for at være taknemmelige begyndte de at tilbede afguder og blev stolte og uretfærdige. For at vejlede dem sendte Allah profeten Saleh, en venlig og blid mand, som holdt dybt af sit folk.

Saleh sagde til dem: "Mit folk, tilbed kun Allah. Det er Ham, der har givet jer alt det, I nyder. Vær taknemmelige, og hold op med at handle forkert." Nogle troede på ham og begyndte at følge Allahs vej, men de fleste lo ad ham og sagde: "Saleh, bevis for os, at dit budskab er sandt." De krævede et mirakel som tegn på Allahs magt. Allah opfyldte deres ønske, og fra den faste klippe trådte en stor kamel frem, præcis som de havde bedt om.

Saleh sagde til dem: "Denne kamel er et tegn fra Allah. Lad hende drikke frit fra brønden, og gør hende ingen skade." Men de vantro forblev stædige og grusomme. De gjorde kamelen fortræd og ignorerede Salehs advarsler. Derefter kom Allahs straf over dem. Et voldsomt jordskælv rystede deres land, og kun Saleh og de troende, som fulgte ham, blev reddet.

9

Ibrahim

For længe siden levede der en mand ved navn Ibrāhīm, som var kendt for sin visdom og stærke tro på Allah. Ibrāhīm voksede op i et land, hvor folk tilbad afguder – statuer lavet af sten og træ. Allerede som barn vidste Ibrāhīm, at disse afguder ikke kunne høre, se eller hjælpe nogen. Han undrede sig ofte og spurgte: "Hvordan kan disse livløse ting være vores guder?" Ibrāhīm ønskede, at hans folk skulle forstå sandheden, så han begyndte at stille dem spørgsmål og forsigtigt vejlede dem mod at tilbede Allah alene.

En dag udtænkte Ibrāhīm en modig plan for at vise sit folk, at deres afguder var magtesløse. Mens alle var væk, gik han ind i templet og ødelagde alle afguderne undtagen den største. Da folket vendte tilbage og så ødelæggelsen, blev de chokerede. "Hvem har gjort dette mod vores guder?" spurgte de. Ibrāhīm foreslog, at de skulle spørge den største afgud, velvidende at den ikke kunne svare. I det øjeblik indså de, at deres afguder ingen magt havde. Men i stedet for at ændre deres vaner blev de vrede og forsøgte at skade Ibrāhīm. Allah beskyttede ham mod deres planer og viste, at Ibrāhīms tro var stærkere end deres vrede.

Ibrāhīms tillid til Allah blev sat på prøve mange gange, men han adlød altid med et trofast hjerte. Når Allah befalede ham at forlade sit hjemland eller ofre noget, der var ham kært, tøvede Ibrāhīm aldrig. På grund af hans urokkelige tillid velsignede Allah ham med to sønner, Ismāʿīl og Isḥāq, som også blev profeter.

Ibrāhīms historie lærer os vigtigheden af tro, mod og tillid til Allah, selv når vejen synes svær. Gennem hans liv lærer vi, at ægte styrke kommer fra at tro på og adlyde Allah alene.

11

Lut

I profeten Ibrāhīms tid levede der en mand ved navn Lut, som også var udvalgt af Allah til at vejlede sit folk. Lut blev sendt til en by, hvor befolkningen havde udviklet en meget forkert adfærd. De begik uretfærdigheder, behandlede hinanden grusomt og vendte sig bort fra Allah. Profeten Lut holdt oprigtigt af sit folk og ønskede at hjælpe dem med at leve et bedre, mere retfærdigt og venligt liv.

Lut talte til folket med tålmodighed og omsorg og sagde: "Mit folk, vend jer til Allah og hold op med de forkerte handlinger, I begår. Vær retfærdige og venlige mod hinanden, og husk, at Allah ser alt." Men de fleste ville ikke lytte. I stedet hånede de Lut og ignorerede hans advarsler. På trods af dette gav Lut aldrig op, men fortsatte med at opfordre dem til at gøre det, der var rigtigt og behageligt for Allah.

Til sidst sendte Allah sine engle til Lut med en vigtig besked. Byen ville blive ramt af en streng straf på grund af dens ondskab. Lut og de få troende blev bedt om at forlade byen om natten og ikke se sig tilbage. Da straffen kom, var den hurtig og retfærdig, og byen blev ødelagt. Lut og de troende var i sikkerhed, fordi de stolede på Allah og fulgte Hans vejledning.

Luts historie lærer os vigtigheden af at stå fast på det, der er rigtigt, holde os væk fra ugerninger og stole på, at Allah altid beskytter og belønner dem, der forbliver trofaste mod Ham.

13

Ismail

Ismail var den elskede søn af profeten Ibrāhīm og blev selv en stor profet. Hans historie begynder med en bemærkelsesværdig begivenhed. Allah befalede Ibrāhīm at tage sin kone, Hājar, og deres lille søn, Ismail, med til en øde dal, hvor ingen boede. Det var et goldt sted uden mad eller vand, men Ibrāhīm stolede fuldt ud på Allahs plan. Da han efterlod dem der, bad han: "O Allah, tag dig af min familie, og gør dette land til et sted fyldt med velsignelser."

Hājar, en stærk og trofast kvinde, tog sig kærligt af lille Ismail. Da deres vand slap op, løb hun frem og tilbage mellem to bakker, Ṣafā og Marwah, i håb om at finde hjælp. Pludselig sendte Allah englen Jibrīl, som lod vand strømme frem fra jorden ved Ismails fødder. Denne kilde, kendt som Zamzam, blev en livgivende kilde i ørkenen og er den dag i dag en stor velsignelse for mennesker. Dalen voksede sidenhen til den hellige by Mekka, hvor Ismail og hans familie slog sig ned.

Da Ismail blev ældre, satte Allah både ham og Ibrāhīm på prøve med en stor opgave. Ibrāhīm drømte, at Allah ønskede, at han skulle ofre sin søn. Da han fortalte Ismail om drømmen, svarede Ismail med fuld tillid: "Far, gør som Allah har befalet. Du vil finde mig tålmodig." Netop som Ibrāhīm var ved at udføre ofringen, stoppede Allah ham og erstattede Ismail med en vædder. Dette viste, at det var en prøve på deres tro og lydighed.

15

Ishaq

Ishaq, søn af profeten Ibrāhīm, var en stor velsignelse for Ibrāhīm og hans kone Sārah i deres alderdom. I mange år havde de bedt Allah om et barn, og Allah besvarede deres bønner med løftet om en søn. Ishaq var ikke blot en gave af kærlighed til sine forældre, men blev også udvalgt af Allah til at være profet og til at fortsætte sin fars ædle mission.

Ishaq voksede op i en familie, der var dybt hengiven over for Allah og omgivet af visdom og tro. Ibrāhīm lærte ham vigtigheden af at tilbede Allah alene og leve et liv præget af venlighed, taknemmelighed og retfærdighed. Da Ishaq blev ældre, blev han en vis og mild mand, som vejledte folket til at følge Allahs vej. Han mindede dem om at tilbede Allah, handle retfærdigt og behandle hinanden med omsorg og medfølelse.

Allah velsignede Ishaq med mange efterkommere, heriblandt flere profeter, hvilket gjorde ham til en del af en særlig slægt, der spredte Allahs budskab vidt og bredt. Ishaqs liv er en historie om velsignelser og opfyldelsen af Allahs løfter. Den lærer os, at tålmodighed og tillid til Allahs plan bringer store belønninger, og at familier, der er forankret i troen, kan blive en kilde til lys, godhed og vejledning for andre.

Ya'qub

Ya'qub, også kendt som Jakob, var søn af profeten Isḥāq og barnebarn af profeten Ibrāhīm. Han var en mand med stor tro og visdom og blev udvalgt af Allah til at fortsætte med at sprede Hans budskab. Ya'qub havde tolv sønner, og hans familie var kendt for deres dybe forbindelse til Allah. På grund af denne særlige rolle blev Ya'qub også kaldt Isrāʾīl, og hans efterkommere blev kendt som Israels børn.

Ya'qub var en kærlig og omsorgsfuld far, som lærte sine børn at tilbede Allah og leve med venlighed, ærlighed og retfærdighed. Blandt hans sønner var Yūsuf, som stod Ya'qub særligt nær. Dette nære bånd vakte jalousi hos nogle af de andre sønner, og de begik en meget sårende handling ved at tage Yūsuf væk og lade, som om han var forsvundet for altid. Selvom Ya'qub var dybt bedrøvet, mistede han aldrig sit håb i Allah. Han fortsatte med at bede og stole på, at Allah en dag ville genforene ham med sin elskede søn.

Allah belønnede Ya'qub for hans tålmodighed og urokkelige tro. Mange år senere blev han glædeligt genforenet med Yūsuf, som var vokset op til at blive en vis og stor leder. Ya'qubs historie lærer os om tålmodighedens styrke, vigtigheden af at stole på Allah i svære tider og værdien af familie og tilgivelse. Hans liv minder os om, at Allahs planer altid er fulde af visdom, selv når vi ikke straks kan forstå dem.

19

Yusuf

Yusuf, søn af Yaʿqūb, var en dreng med usædvanlig skønhed og et rent hjerte. En nat havde han en drøm, hvor solen, månen og elleve stjerner bøjede sig for ham. Da han fortalte sin far om drømmen, forstod profeten Yaʿqūb, at det var et særligt tegn fra Allah, og han rådede Yusuf til at holde drømmen for sig selv. Yusufs brødre blev dog jaloux over den kærlighed, deres far viste ham, og deres misundelse førte dem til at begå en grusom handling. De kastede Yusuf ned i en dyb brønd og efterlod ham helt alene.

En gruppe rejsende, som kom forbi brønden, fandt Yusuf og tog ham med til Egypten, hvor han blev solgt som tjener. På trods af disse svære prøvelser mistede Yusuf aldrig sin tillid til Allah. Med tiden vandt hans ærlighed, venlighed og visdom ham respekt. Selv da han uretfærdigt blev sat i fængsel, forblev Yusufs tro stærk. I fængslet gav Allah ham evnen til at tyde drømme, hvilket senere førte til hans frihed, da han korrekt forklarede kongens bekymrende drøm om en kommende hungersnød.

Yusuf blev til sidst en betroet leder i Egypten og hjalp landet med at forberede sig på den svære tid. I en smuk vending kom hans brødre, som ikke genkendte ham, til Egypten for at søge mad under hungersnøden. Yusuf valgte at tilgive dem for deres tidligere handlinger og afslørede sin identitet, hvorefter han blev genforenet med sin familie i et øjeblik fyldt med glæde.

Yusufs historie lærer os om tålmodighedens styrke, tilgivelsens kraft og tilliden til Allahs plan, selv når livet virker uretfærdigt. Hans liv er et lysende eksempel på, hvordan tro, godhed og standhaftighed kan føre til store velsignelser.

21

Ayub

Ayub, også kendt som Job, var en profet, som Allah havde velsignet med stor rigdom, en kærlig familie og godt helbred. Han var kendt for sin venlighed, sin gavmildhed og sin konstante hengivenhed over for Allah. Ayub takkede altid Allah for Hans velsignelser, uanset om de var store eller små. Men Ayubs tro skulle snart blive sat på prøve på en måde, som få kunne forestille sig.

En dag mistede Ayub alt. Hans rigdom forsvandt, hans børn gik tabt, og til sidst svigtede også hans helbred. Han blev alvorligt syg, og hans krop blev svag. På trods af disse svære prøvelser klagede Ayub aldrig. Han forblev tålmodig og fortsatte med at prise Allah og sagde: "Allah har givet mig meget i fortiden, og hvis Han tager det fra mig, vil jeg stadig være taknemmelig." Selv da folk vendte sig bort fra ham, forblev hans hjerte fyldt med kærlighed og fuld tillid til Allah.

Efter mange år med tålmodighed og urokkelig tro belønnede Allah Ayub for hans standhaftighed. Allah helbredte ham, gav ham hans styrke tilbage, skænkede ham endnu større rigdom og velsignede ham igen med en kærlig familie. Ayubs historie lærer os, at uanset hvor svært livet bliver, vil tålmodighed og tillid til Allah føre til lettelse og håb.

23

Shuʿaib

Shuʿaib var en vis og mild profet, som blev sendt for at vejlede folket i Madyan. Folket i Madyan boede i et smukt og frugtbart land, men i stedet for at være taknemmelige vendte de sig bort fra Allah. De snydte andre ved at give for lidt i handel, var uærlige i deres forretninger og behandlede hinanden uretfærdigt. I sin barmhjertighed sendte Allah profeten Shuʿaib for at hjælpe dem med at ændre deres handlinger og vende tilbage til det, der var rigtigt.

Shuʿaib talte venligt og tålmodigt til sit folk og sagde: "Mit folk, tilbed kun Allah. Vær retfærdige og ærlige i jeres handel, og snyd ikke andre. Husk, at Allah ser alt, hvad I gør." Nogle få mennesker lyttede til Shuʿaib og troede på hans budskab, men de fleste spottede ham og nægtede at ændre sig. De sagde: "Hvorfor skulle vi følge dig? Vi vil leve, som vi vil." Shuʿaib advarede dem om, at deres handlinger ville føre til alvorlige konsekvenser, men de ville ikke lytte.

Til sidst kom Allahs straf over de vantro. Et voldsomt jordskælv ramte byen og ødelagde den. Kun Shuʿaib og de troende, som fulgte ham, blev reddet. Shuʿaibs historie lærer os vigtigheden af ærlighed, retfærdighed og at behandle andre med venlighed. Den minder os om, at grådighed og uærlighed fører til tab, mens et liv præget af sandhed, taknemmelighed og retfærdighed bringer velsignelser og fred.

25

Musa

For længe siden, i Egypten, blev en dreng ved navn Musa født. På den tid frygtede faraoen, en grusom og magtfuld hersker, at israelitternes børn en dag ville vokse op og udfordre hans magt. For at forhindre dette beordrede han, at alle nyfødte drengebørn skulle fjernes. Men Allah havde en særlig plan for Musa. Hans mor stolede fuldt ud på Allah og lagde sin lille søn i en kurv, som hun lod flyde på floden. Kurven blev fundet af faraos kone, som fik medlidenhed med barnet og besluttede at opfostre ham i paladset som sit eget.

Musa voksede op i faraos palads, men følte sig altid knyttet til israelitterne, som var hans eget folk. En dag, da han forsøgte at hjælpe en undertrykt mand, kom Musa ved et uheld til at skade en anden. Af frygt for konsekvenserne forlod han Egypten og flygtede til et fjernt land. Her begyndte han et nyt liv, arbejdede som hyrde og stiftede familie. Det var i denne stille periode, at Allah kaldte Musa til at være profet. Ved foden af Sinai-bjerget talte Allah til ham og gav ham en vigtig mission, nemlig at vende tilbage til Egypten og befri israelitterne fra faraos undertrykkelse.

Med Allahs hjælp udførte Musa store mirakler. Hans stav blev forvandlet til en slange, og Allah lod Det Røde Hav dele sig, så israelitterne kunne krydse det i sikkerhed. Disse tegn viste Allahs magt, men faraoen nægtede stadig at tro. Til sidst førte Musa sit folk ud af Egypten og væk fra undertrykkelsen. Under deres rejse gav Allah Musa Toraen, som skulle vejlede israelitterne i deres liv og tro.

Musas historie lærer os om mod, tålmodighed og tillid til Allah. Den minder os om vigtigheden af at stå op for retfærdighed, selv når udfordringerne virker overvældende. Hans liv er en stærk påmindelse om, at Allah altid er med dem, der sætter deres lid til Ham.

27

Harun

Harun, også kendt som Aron, var bror til profeten Mūsā og selv en profet udvalgt af Allah til at hjælpe med at vejlede israelitterne. Da Allah befalede Mūsā at konfrontere faraoen og befri sit folk, følte Mūsā sig usikker på at tale foran en så magtfuld og grusom hersker. Han bad derfor Allah om støtte, og Allah valgte Harun til at ledsage ham i denne vigtige mission. Harun var kendt for sin blide måde at tale på og sin evne til at forklare budskaber klart og roligt, hvilket gjorde ham til en stor støtte for sin bror.

Sammen trådte Mūsā og Harun frem for faraoen og overbragte Allahs budskab. De opfordrede ham til at stoppe undertrykkelsen af israelitterne og vende sig mod Allah. Harun talte med tålmodighed og venlighed, men faraoen nægtede at lytte. Selv da Allah viste tydelige tegn, som da Mūsās stav blev forvandlet til en slange, og da plager ramte Egypten, forblev faraoen og hans folk stædige. Gennem det hele stod Harun loyalt ved Mūsās side og hjalp med at vejlede og opmuntre folket.

Haruns rolle fortsatte også efter udfrielsen fra Egypten. Da Mūsā ledte israelitterne mod et nyt liv, hjalp Harun med at holde folket samlet og mindede dem om at forblive trofaste over for Allah og følge Hans befalinger. Haruns historie lærer os vigtigheden af samarbejde, støtte og fælles ansvar. Den minder os om, at når vi hjælper hinanden med godhed, tålmodighed og tro, bliver vi stærkere, især når vi arbejder sammen for at tjene Allah.

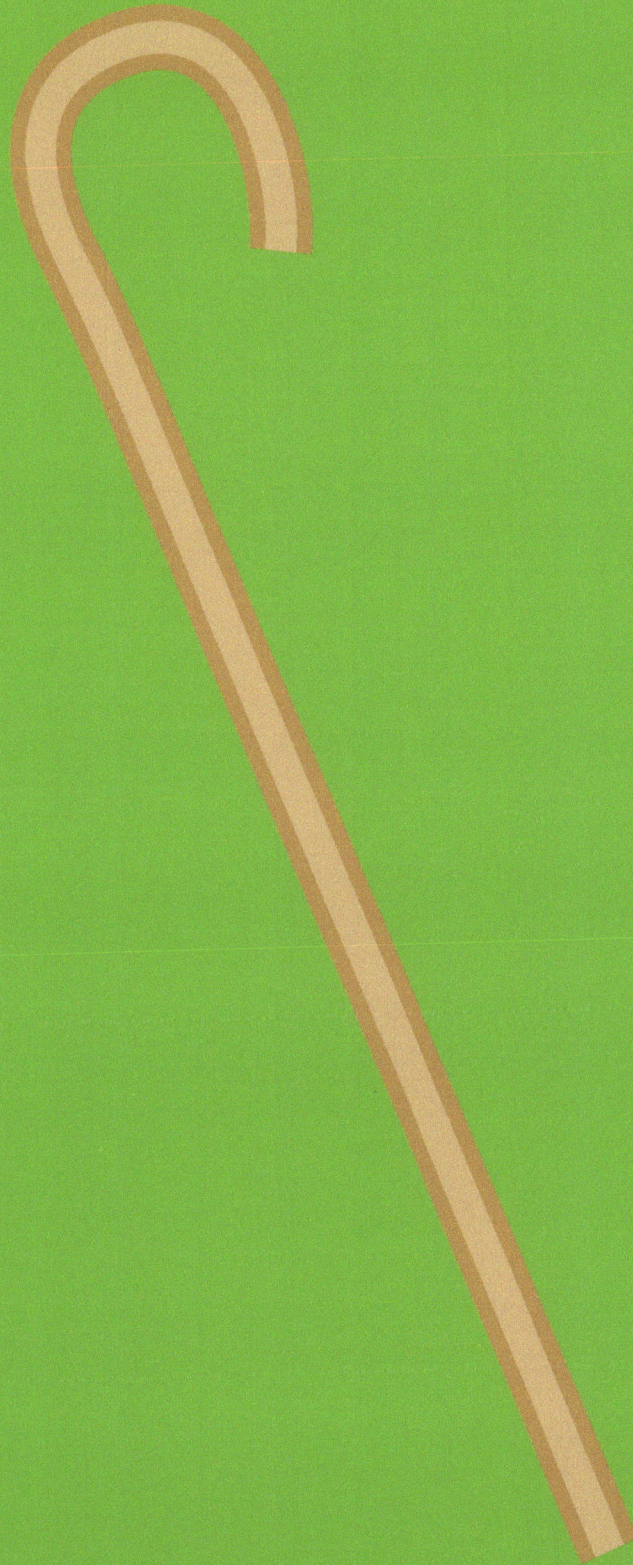

29

Dhul-Kifl

Dhul-Kifl var en profet kendt for sin standhaftighed, retfærdighed og stærke hengivenhed over for Allah. Selvom Koranen ikke fortæller mange detaljer om hans liv, mener lærde, at han var en mand med stor tålmodighed og visdom, udvalgt af Allah til at vejlede sit folk. Hans navn, Dhul-Kifl, betyder »manden med ansvar«, en titel han fik, fordi han altid tog sine pligter alvorligt og handlede med retfærdighed, selv i svære situationer.

Dhul-Kifls liv var præget af hans ønske om at gøre godt og hjælpe andre. Han behandlede mennesker med venlighed og retfærdighed og sørgede for, at alle blev behandlet fair. Når han stod over for udfordringer, forblev han tålmodig og gav aldrig op. Han viste sit folk, at tillid til Allah og vedholdenhed er nøglen til et retfærdigt liv.

Historien om Dhul-Kifl minder os om, at ansvar, venlighed og tålmodighed er egenskaber, der behager Allah. Hans eksempel lærer os at holde vores løfter, hjælpe dem, der har brug for det, og forblive trofaste, selv når livet er udfordrende. Selvom hans historie er enkel, bærer den en stærk lære: selv små gode handlinger kan have stor betydning og blive rigt belønnet af Allah.

31

Dawud

Dawud, også kendt som David, var en profet udvalgt af Allah på grund af sin visdom, sit mod og sin stærke tro. Allerede som ung blev Dawud kendt for sin tapperhed, da han stod over for en mægtig kriger ved navn Jalut. Med kun en slangebøsse og sin fulde tillid til Allah besejrede Dawud Jalut og viste, at sand styrke ikke kommer fra størrelse eller våben, men fra tro og tillid til Allah. Denne sejr gjorde ham til en helt blandt sit folk og markerede begyndelsen på hans særlige rejse.

Allah velsignede Dawud med mange gaver. Han gjorde ham både til konge og profet og gav ham ansvaret for at lede sit folk med retfærdighed og visdom. Dawud var kendt for sin retfærdige dømmekraft. Han lyttede altid omhyggeligt til mennesker og sørgede for, at alle blev behandlet fair. Allah gav ham også en smuk stemme, og når Dawud sang lovsange til Allah, blev bjergene og fuglene siges det fyldt med glæde og sang med i harmoni.

En af Dawuds største æresbevisninger var, at Allah åbenbarede den hellige bog Zabur til ham. Zabur indeholdt visdom og vejledning, som lærte mennesker at leve med retfærdighed, taknemmelighed og godhed. Dawuds historie minder os om, at tro, mod og retfærdighed kan føre til stor velsignelse. Den lærer os også vigtigheden af at bruge de gaver, Allah giver os, til at hjælpe andre og sprede godhed i verden.

Sulayman

Suleyman, også kendt som Salomon, var en profet og konge, som Allah velsignede med stor visdom, dyb viden og en helt særlig evne til at forstå og kommunikere med dyr og endda jinner. Allerede fra en ung alder viste Suleyman en bemærkelsesværdig evne til at tænke klart og dømme retfærdigt. Når der opstod uenigheder, kom folk til ham for at få vejledning, og hans kloge og retfærdige afgørelser gav ham stor respekt.

Som konge herskede Suleyman over et stort og mægtigt rige, men han gjorde det med venlighed, retfærdighed og omsorg for alle. Allah gav ham ekstraordinære gaver, herunder evnen til at styre vinden og lade jinner arbejde under hans kommando for at bygge storslåede bygninger og byer. En af de mest kendte fortællinger om Suleyman handler om, da han hørte en myre advare de andre myrer om at søge ly, så de ikke blev trådt på af hans hær. Suleyman forstod myrens ord, smilede og takkede Allah for den gave, det var at kunne forstå selv de mindste skabninger.

Suleymans rige blev et eksempel på, hvordan visdom og tro kan skabe fred og harmoni. På trods af sin store magt forblev han ydmyg og huskede altid, at alle hans evner og velsignelser kom fra Allah. Hans liv lærer os, at ægte storhed ikke handler om magt, men om taknemmelighed, retfærdighed og at bruge sine gaver til gavn for andre. Suleymans historie inspirerer os til at være venlige, retfærdige og altid opmærksomme på Allahs velsignelser.

35

Ilyas

Ilyas, også kendt som Elias, var en profet, som Allah sendte for at vejlede et folk, der havde vendt sig bort fra tilbedelsen af Allah. Mange af dem var begyndt at tilbede en falsk gud ved navn Baal og havde glemt de profeters budskaber, der var kommet før Ilyas. De vendte sig mod afguder og levede uden at følge Allahs vej. Med et rent hjerte og en stærk tro blev Ilyas sendt for at minde dem om sandheden.

Med tålmodighed og mod talte Ilyas til sit folk og sagde: »Hvorfor tilbeder I noget, der hverken kan høre jer eller hjælpe jer? Allah er skaberen af himlene og jorden. Tilbed kun Ham, og I vil finde fred.« Men mange nægtede at lytte. De gjorde nar af Ilyas og fortsatte med deres vaner, selvom kun få valgte at tro på hans budskab og forblive trofaste mod Allah.

Da folket fortsatte med at vende sig bort, lod Allah regnen ophøre, og landet blev ramt af tørke og mangel. Alligevel forblev Ilyas standhaftig i sin tro. Han bad til Allah og fortsatte med at opfordre folket til at vende tilbage til det, der var rigtigt. Til sidst hædrede Allah Ilyas for hans oprigtighed og urokkelige tro.

Ilyas' historie lærer os at forblive tro mod Allah, selv når vi står alene, og at sand tro kræver tålmodighed og mod. Den minder os om, at Allah altid ser indsatsen hos dem, der holder fast i sandheden og stoler på Hans visdom.

37

Alyasa

Alyasa, også kendt som Elisha, var en profet udvalgt af Allah til at fortsætte profeten Ilyas' mission. Efter at Ilyas blev hædret af Allah, overtog Alyasa ansvaret for at vejlede folket. Han levede blandt mennesker, der ofte glemte Allah og havde brug for venlige, men vedholdende påmindelser om at tilbede Ham alene og leve med retfærdighed og godhed.

Alyasa var kendt for sin store tålmodighed og sit stærke engagement. Han opmuntrede utrætteligt folket til at vende tilbage til Allah og forlade deres forkerte handlinger. Selvom mange udfordringer stod i vejen, forblev Alyasa fast i sin tro og gav aldrig op. Allah velsignede ham med visdom og særlige evner, som hjalp ham med at styrke de troende og give håb til dem, der lyttede til hans budskab.

Selvom Koranen kun nævner få detaljer om Alyasas liv, rummer hans historie en vigtig lære. Den minder os om værdien af vedholdenhed, ansvar og trofasthed. Alyasas liv lærer os, at det at gøre det rigtige kræver tålmodighed, og at selv stille og standhaftigt arbejde i Allahs tjeneste har stor betydning. Hans eksempel opmuntrer os til at handle med venlighed, udholdenhed og fuld tillid til Allahs vejledning.

39

Yunus

Yunus, også kendt som Jonas, var en profet sendt af Allah for at vejlede indbyggerne i en by, der havde vendt sig bort fra Ham. Menneskerne dér levede i ulydighed, tilbad afguder og ignorerede Allahs befalinger. Yunus talte til dem med omsorg og advarede dem om konsekvenserne af deres handlinger, men de nægtede at lytte. Til sidst blev Yunus modløs og forlod byen uden at vente på Allahs tilladelse, fordi han troede, at folket aldrig ville ændre sig.

Efter at have forladt byen gik Yunus om bord på et skib. Under rejsen opstod der en voldsom storm, og bølgerne truede med at sænke skibet. Menneskene om bord mente, at stormen var et tegn på, at nogen havde gjort noget forkert. De kastede lod for at afgøre, hvem der skulle forlade skibet, og loddet faldt på Yunus. Yunus forstod, at han havde handlet forhastet, og sprang i havet. Allah lod en stor fisk sluge ham, og Yunus befandt sig i fuldstændigt mørke.

Inde i fiskens mave indså Yunus sin fejl. Med et ydmygt hjerte bad han til Allah og sagde:
"Der er ingen anden gud end Dig. Ære være Dig. Jeg var sandelig blandt dem, der gjorde uret."
Allah hørte Yunus' bøn og tilgav ham i Sin barmhjertighed. Fisken blev befalet at sætte Yunus fri, og han blev skyllet sikkert op på kysten.

Yunus vendte derefter tilbage til sin by. Denne gang var folket anderledes. De havde angret, forladt deres forkerte handlinger og vendt sig tilbage til Allah. De tog imod Yunus og lyttede til hans budskab med åbne hjerter. Yunus' historie lærer os vigtigheden af tålmodighed, tillid til Allahs plan og at søge tilgivelse, når vi begår fejl. Den minder os om, at Allah altid er barmhjertig over for dem, der oprigtigt vender sig til Ham.

Zakariyya

Zakariyya, også kendt som Zakarias, var en venlig og from profet udvalgt af Allah. Han brugte sit liv på at undervise sit folk i Allahs vejledning og tjente trofast i det hellige tempel. Zakariyya var kendt for sit blide hjerte, sin tålmodighed og sin stærke tro. Selvom han havde mange velsignelser, var der én ting, han ønskede sig meget. Han og hans kone havde ingen børn, og han længtes efter et barn, som kunne fortsætte med at sprede Allahs budskab efter ham.

Selvom Zakariyya og hans kone var meget gamle, mistede han aldrig håbet om Allahs barmhjertighed. En dag, mens han bad stille i templet, henvendte han sig oprigtigt til Allah og sagde: "Min Herre, giv mig et godt afkom fra Dig. Du er sandelig den, der hører bønner."
Allah hørte Zakariyyas bøn. Englene bragte ham glædelige nyheder og fortalte, at han ville få en søn ved navn Yahya, også kendt som Johannes. Yahya ville blive et barn med stor visdom, renhed og retfærdighed. Zakariyya blev overrasket og spurgte, hvordan dette kunne ske i hans høje alder. Allah mindede ham om, at intet er umuligt for Ham.

Da Yahya blev født, opdragede Zakariyya ham med kærlighed, tro og god moral. Han lærte ham at tilbede Allah, være venlig mod andre og holde fast i sandheden. Zakariyyas historie lærer os styrken i oprigtig bøn, tålmodighed og fuld tillid til Allahs plan. Den minder os om, at Allahs barmhjertighed ingen grænser har, og at håb aldrig bør opgives, uanset hvor umuligt noget måtte synes.

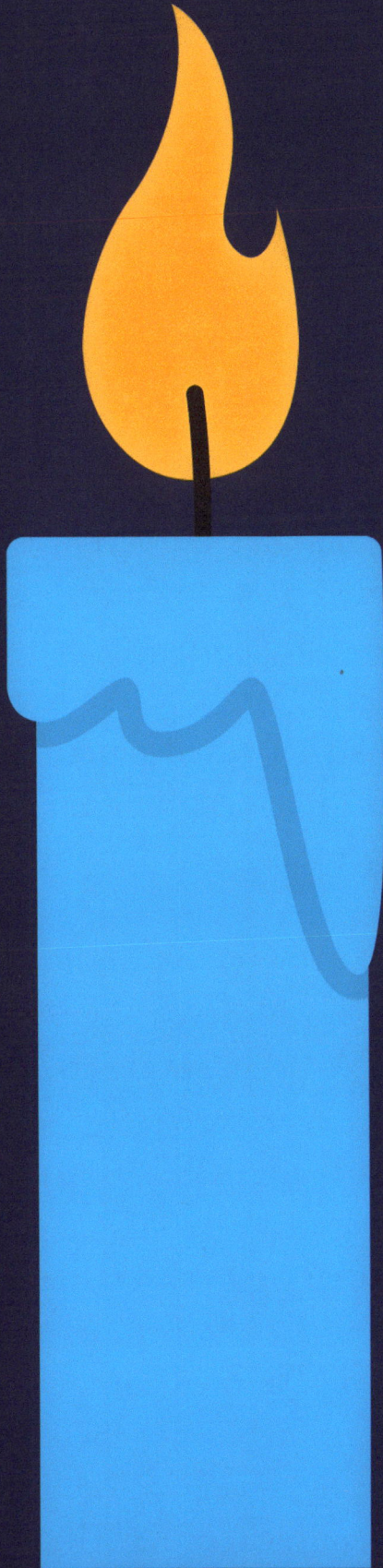

43

Yahya

Da Yahya blev født, opdragede Zakariyya ham til at være en retfærdig og lydig tjener af Allah. Zakariyyas historie lærer os styrken i oprigtig bøn og tillid til Allahs timing. Den minder os om, at uanset hvor umuligt noget måtte synes, har Allahs barmhjertighed og magt ingen grænser. Hans liv opmuntrer os til at være tålmodige, taknemmelige og fulde af håb om Allahs velsignelser.

Yahya, også kendt som Johannes Døberen, var den elskede søn af profeten Zakariyya og selv en profet udvalgt af Allah. Fra det øjeblik han blev født, var Yahya noget særligt. Allah gav ham visdom, venlighed og et rent hjerte allerede fra en ung alder. Yahya var kendt for sin kærlighed til viden og sin dybe hengivenhed til Allah. Han voksede op med at vejlede andre og minde dem om sandhed, retfærdighed og tro.

Yahya levede et enkelt og ydmygt liv og holdt sig altid tæt på Allah. Han var kendt for sin blide og medfølende natur og hjalp dem, der var i nød. En af Yahyas stærkeste egenskaber var hans mod. Han stod fast på det, der var rigtigt, selv når det var svært, og han mindede folk om at tilbede Allah alene og leve ærligt og godt.

Allah roste Yahya i Koranen og beskrev ham som en retfærdig tjener, der var lydig, ren og respektfuld over for sine forældre. Yahyas historie lærer os at leve med integritet, stå op for sandheden og altid forblive forbundet med Allah. Hans liv er et smukt eksempel på, hvordan et venligt og ydmygt hjerte kan inspirere andre og føre dem tættere på Allah.

Isa

Isa, også kendt som Jesus, var en profet sendt af Allah for at vejlede Israels børn. Hans fødsel var en mirakuløs begivenhed, da han blev født af Maryam (Maria) uden en far. Da englen Jibril kom til Maryam og fortalte hende, at hun ville få et barn, blev hun forbløffet og spurgte: »Hvordan kan jeg få en søn, når ingen mand har rørt mig?« Englen svarede, at det var Allahs vilje, for Han kan gøre alt. Isas mirakuløse fødsel var et tegn på Allahs magt og barmhjertighed.

Fra en ung alder viste Isa tegn på at være udvalgt af Allah. Han talte som spædbarn for at forsvare sin mors ære og sagde: »Jeg er Allahs tjener. Han har givet mig Skriften og gjort mig til profet.« Da han voksede op, velsignede Allah Isa med visdom og evnen til at udføre mirakler. Han helbredte de syge, gav de blinde synet tilbage og vækkede endda de døde til live – alt sammen med Allahs tilladelse. Isa mindede altid folk om, at disse mirakler var tegn fra Allah, og at de kun skulle tilbede Ham.

Isa stod over for mange udfordringer, da nogle mennesker afviste hans budskab og konspirerede mod ham. Men Allah beskyttede Isa og løftede ham op til himmelen. Muslimer tror, at Isa en dag vil vende tilbage for at fuldføre sin mission. Hans historie er en kraftig påmindelse om Allahs barmhjertighed, troens betydning og styrken til at stå fast på sandheden. Isas liv lærer os at forblive ydmyge, hjælpe andre og altid stole på Allahs plan.

Muhammed

Muhammad, fred og velsignelser være med ham, var den sidste profet, som Allah sendte for at vejlede hele menneskeheden. Han blev født i byen Mekka og voksede op som forældreløs, men var kendt for sin ærlighed, venlighed og retfærdighed. Folk havde så stor tillid til ham, at de kaldte ham Al-Amin, den troværdige. Da han blev ældre, brugte Muhammad ofte tid i stille refleksion, hvor han tænkte over Skaberen og de problemer, der fandtes i hans samfund, hvor mange tilbad afguder og behandlede hinanden uretfærdigt.

En nat, mens han opholdt sig i Hira-hulen, viste englen Jibril sig for ham med en besked fra Allah. Jibril sagde: »Læs!« Selvom Muhammad ikke kunne læse, lyttede han opmærksomt, da de første vers af Koranen blev åbenbaret for ham. Dette øjeblik markerede begyndelsen på hans mission som profet. Allah befalede Muhammad at lære menneskene at tilbede Ham alene, leve retfærdigt og tage sig af hinanden. På trods af mange vanskeligheder forblev Muhammad tålmodig, stærk og beslutsom og spredte Allahs budskab med visdom og barmhjertighed.

Med tiden begyndte flere og flere mennesker at følge hans lære. Muhammads liv blev et levende eksempel på godhed, ærlighed og ydmyghed. Han lærte folk at være venlige mod de fattige, retfærdige i deres handlinger og tilgivende over for andre. Som den sidste profet fuldendte Muhammad Allahs vejledning til menneskeheden gennem Koranen og sit personlige eksempel, kendt som Sunnah.

Muhammads historie lærer os, hvordan vi kan leve et liv fyldt med godhed, medfølelse og tro. Hans liv inspirerer os til altid at stræbe efter det rette, behandle andre med respekt og stole på Allah i alle ting.

49